Lothar Santer

Mein bierisches Tagebuch

Teil 2

Mit Bus und Bahn durch Irlands Norden

Bibliografische Information der Deutschen Nationalbibliothek:
Die Deutsche Nationalbibliothek verzeichnet diese Publikation in der Deutschen National-bibliografie; detaillierte bibliografische Daten sind im Internet über www.dnb.de abrufbar.

© 2016 Lothar Santer

Herstellung und Verlag:
BoD – Books on Demand, Norderstedt

ISBN: 978-3-7412-0826-3

Zum Autor:

Lothar Santer, 1975 in Gelsenkirchen-Buer geboren, wohnt in Wuppertal, ist im öffentlichen Dienst tätig und ist verheiratet. In seiner Freizeit kümmert er sich um den Gemeindebrief seiner evangelischen Kirchengemeinde, predigt dort auch, fährt gerne Zug und ist ein begeisterter Biertrinker. Über seine letztgenannten Erfahrungen berichtet er in seinem Internetblog www.bierblogg.de

Inhaltsverzeichnis

Einstieg	Seite 7
Tag 1 - 09. März 2016	Seite 15
Tag 2 - 10. März 2016	Seite 33
Tag 3 - 11. März 2016	Seite 45
Tag 4 - 12. März 2016	Seite 57
Tag 5 - 13. März 2016	Seite 65
Tag 6 - 14. März 2016	Seite 81
Tag 7 - 15. März 2016	Seite 93
Tag 8 - 16. März 2016	Seite 107
Tag 9 - 17. März 2016	Seite 119
Tag 10 - 18. März 2016	Seite 135

Einstieg

Da bin ich wieder! Nachdem ich mich im letzten Jahr dann doch gewagt habe mein Tagebuch über meine Reise durch den Süden von Irland zu veröffentlichen und positive Reaktionen erhalten habe, war ich nun am grübeln, ob ich wieder ein Tagebuch führen soll. Ich habe einfach Material gesammelt und sah, dass es ausreichend ist einen zweiten Teil zu schreiben.

Den Norden von Irland (inklusive mit Nordirland) habe ich mir vorgenommen. Und lange habe ich an der Route gearbeitet. Seit meiner letzten Reise habe ich viele irische Eindrücke gesammelt.

Zwei Dinge möchte ich hervorheben:
1. Viel habe ich mich mit der Musik von Glen Hansard beschäftigt. Mein Höhepunkt war ein Konzert von ihm, dass ich im Oktober 2015 mit Judith, der Tante meiner Frau Anja, und ihrem Mann Peter in Köln besucht habe.

Für mich ist Glen Hansard typisch irisch. Das liegt aber auch daran, dass er in meinem persönlichen Kultfilm „The Commitments" mitgespielt hat. Der Film, der in Dublin spielt und sehr deutlich macht, wie wichtig die Musik für die Iren ist.

2. Seit dem Oktober 2015 hole ich mir im benachbarten Solingen in unregelmäßigen Abständen meine Ration Irland ab. In Solingen-Gräfrath hat das Scarriff, ein Irish Pub, eröffnet und ich habe mich dort sofort wohl gefühlt. Für mich ist der Pub toll gelegen, ich erreiche ihn mit Bus und Schwebebahn innerhalb von 20 Minuten.

Dankbar bin ich dem Pub auch, sie gaben mir die Möglichkeit an einem Sonntagnachmittag aus meinem Buch zu lesen. Dazu gab es Musik und ich hatte den Eindruck, die anwesenden Leute gut unterhalten zu haben. Ich hatte sehr großen Spaß an dem Tag!

Der Pub wurde nach dem Ort Scarriff benannt und gerne hätte ich Scarriff mit auf meiner Route aufgenommen. Thomas vom Pub hat mir die Adresse einer Übernachtungsmöglichkeit gegeben. Leider konnte man mir während meiner Reisezeit kein Bett anbieten. Bei Scarriff wäre ich als Nutzer der öffentlichen Verkehrsmittel auch nicht besonders im Vorteil. Scarriff steht auf meiner Reiseliste, kann es aber auch nur verwirklichen, wenn ich motorisiert bin.

Beim Scarriff habe ich mich schon bedankt und bei einigen Leuten möchte ich es auch noch machen:
- Martin Zientz, er hat mich überhaupt auf die Idee gebracht mein Tagebuch als Buch herauszugeben.
- Anja Santer, die mich hat alleine verreisen lassen.
- Kurt und Beate Mathe vom Nudeltöpfchen in Wuppertal und Spiridon Botsios von der Taverne Xenios in Schwelm, die mir die Mög-

lichkeit gegeben haben in ihren Restaurants Werbung für mein erstes Buch zu machen.
- Eike Birkmeier, als Journalist hat er mich über meinen eigenen Dunstkreis bekannt gemacht.

Und dann gibt es ganz viele Menschen, von denen ich hilfreiche Unterstützung und viel Zuspruch bekommen habe. All die können sich gerne angesprochen fühlen.

Lothar Santer
im Juni 2016

Tag 1 - 09. März 2016

Von Wuppertal über Düsseldorf und Dublin nach Sligo

Deutlich vor dem Wecker bin ich wach geworden. Vor einem Urlaub gehen mir immer viele Sachen durch den Kopf. Zur Krönung ist uns gestern unsere Waschmaschine kaputtgegangen. Talentfrei wie ich bin, hat es auch keinen Sinn, dass ich mir die Bedienungsanleitung der Waschmaschine zu Gemüte führe. Darum muss sich nun Anja kümmern.

Die letzten Sachen habe ich noch eingepackt und habe gewartet bis es kurz nach 7:00 Uhr war und ich mich zu Fuß auf den Weg zum Bahnhof Wuppertal-Sonnborn machen konnte.

Sonnborn zeigte sich zum Abschied noch mal von seiner besten Seite. Der Himmel war wolkenfrei und die Sonne schien. Zwei Tage vorher hatte es noch geschneit, aber jetzt sind nur noch vereinzelte Schneeinseln auf den Straßen und am Wegesrand zu sehen. Wenn Autos über diese Inseln fahren, knacken sie laut.

Meine S-Bahn ist pünktlich angekommen und ich konnte mich recht bequem auf dem Weg nach Düsseldorf machen. Dort am Bahnhof bin ich in einen anderen Zug umgestiegen und habe schnell den Flughafen erreicht. Um den Flughafen in Düsseldorf ist in den letzten Monaten ein kleiner Streit entbrannt. Der neugewählte Bürgermeister von Düsseldorf wollte zusammen mit der Landesregierung den Flughafen gerne nach Johannes Rau benennen, aber hat nicht mit dem politischen Gegner gerechnet. Die Sache ist nun vom Tisch, es fehlte an der nötigen Mehrheit. Aktuell werden eh viele Flughäfen nach verstorbenen Politikern benannt. Für mich ist es nur Prestige. Johannes Rau hat sich besonders in der Hochschulpolitik verdient gemacht, so wäre es für mich nahe liegend, wenn die Bergische Universität in Wuppertal nach ihm benannt werden würde, da Wuppertal auch seine Heimatstadt gewesen ist. Ich denke eh, dass es ohne Johannes Rau keine Universität in Wuppertal geben würde.

Zurück zu meiner Reise. Da ich die Angewohnheit habe immer rechtzeitig am Flughafen zu sein, hatte ich auch jetzt ausreichend Zeit für einen Kaffee. Ich habe mich, auch alleine schon aus Kostengründen, denn wir kennen ja alle die Preise an Flughäfen, für einen Kaffee bei einer amerikanischen Fastfoodkette entschieden.

Im Wartebereich, kurz vor dem Boarding, saß ich einem Ehepaar gegenüber. Erst griff die Frau in ihre Handtasche und holte einen Fingernagelknipser heraus. Ich kenne nicht den Fachbegriff für dieses Gerät, aber jedem ist bestimmt bekannt, was ich damit meine. Ich bin eh sehr empfindlich, was diverse Geräusche betrifft. In meinem Stammlokal, dem Nudeltöpfchen in Wuppertal, stehen als Appetitanreger geröstete Nudeln auf dem Tisch. Ich hasse das Geräusch, wenn jemand in die sogenannten Knackis beißt. Sollte ich nach einem Lottogewinn das Nudeltöpfchen irgendwann einmal übernehmen, da die beiden Inhaber Kurt und Beate in den Ruhestand gehen, werde ich die Knackis definitiv abschaffen. Aber genauso schlimm finde ich das Geräusch, wenn Leute sich mit so einem Fingernagelknipser die Fingernägel schneiden. Die Frau ist sehr ordentlich dabei vorgegangen und hat oft nachgebessert. Ihr Mann griff in seine Hosentasche und holte auch so ein Gerät heraus. Beide knipsten im Duett. Zum Glück hat jeder nur zehn Finger und meine Freude war groß, dass sie nicht noch Schuhe und Socken ausgezogen haben, um bei ihren Füßen weiterzumachen. Erst später klopfte ich mich ab, da ich mir nicht sicher war, ob ich getroffen worden bin oder nicht.

Ich wechselte ins Flugzeug und nahm meinen Platz ein. Beim Start habe ich meinen Arbeitsplatz sehen können. Ich musste an meine Arbeitskollegen denken, da sie zu dieser Zeit an einer Telefonkonferenz mit unserer Zentrale teilnehmen "durften". Diese Konferenzen sind nicht vergnügungssteuerpflichtig und an Langeweile kaum zu überbieten.

Wenn ich in ein Flugzeug steige oder auch dieses verlasse, könnte ich sehr schnell cholerische Anfälle bekommen. Ich finde spannend, wie der Begriff Handgepäck ausgelegt wird. Ich selbst versuche mich auf nur eine kleine Tasche zu beschränken, um auch wirklich nur das dabei zu haben, was ich auf dem Flug benötige und viel kann das ja nicht sein. Dann gibt es Reisende, die haben kleine Koffer, die sehr genau in die Ablage der Flugzeuge passen. Verstehen kann ich das, da es mittlerweile Fluglinien gibt, die extra eine Gebühr für die Gepäckaufgabe nehmen. Mein größter Horror sind jedoch Fluggäste die zwei oder mehrere Plastiktüten dabei haben, gerne sehr spät das Flugzeug betreten und dann ihr Gelumpe auf das Flugzeug verteilen. In der Regel wollen diese Fluggäste das Flugzeug aber als erstes wieder verlassen. Das Chaos, das dann entsteht, kann man sich vorstellen.

Und plötzlich war ich in Dublin. Ich bin kurz nach dem Start eingeschlafen und habe nichts vom Flug mitbekommen.

Bei dieser Reise habe ich mich entschlossen nicht nur die Bahn zu nutzen. Zum einen ist der nördliche Teil der Republik Irland nicht so gut an das Eisenbahnnetz angeschlossen. Ein anderer Grund ist aber auch, dass ich nicht erst mit dem Bus in die Innenstadt von Dublin fahren wollte, um zum Bahnhof zu gelangen, wenn ich auch vom Flughafen aus direkt nach Sligo fahren kann. Da der Bus aber nur alle drei Stunden fährt, musste ich etwas über zwei Stunden auf die nächste Verbindung warten. So habe ich mich in einen Pub am Flughafen gesetzt und mein erstes Bier bei dieser Tour getrunken. Selbstverständlich war es ein Smithwick's. Wie sehr habe ich mich gefreut, dieses Bier wieder trinken zu können.

Es ist wirklich bedauerlich, dass das Smithwick's nicht exportiert wird.

Da dieser Pub sich noch im Flughafengebäude befand, war ich hier nun den Flughafenpreisen ausgesetzt, die ich vor dem Flug vermeiden wollte. Aber als Appetitanreger zu Beginn meiner Reise durch Irland habe ich darüber hinweg gesehen.

Mit einer leichten Verspätung ist mein Bus vom Flughafen Dublin abgefahren. Ich war sehr vom Komfort des Busses überrascht. Sehr bequeme Sitze, schnelles Internet und ausreichend Steckdosen um die mobilen Endgeräte wieder mit Strom aufzuladen.

In Deutschland reizt es mich nicht mit den Fernbussen zu verreisen. Hauptsächlich fahren Sie auf den eh schon überfüllten Autobahnen und können so den Fahrplan nicht einhalten. Auch wenn die Fernbusse günstiger sind, ziehe ich doch die Deutsche Bahn vor. Jedoch hier in Irland kann ich nachvollziehen, dass das Busnetz so attraktiv ist. Die Eisenbahn verbindet nicht jeden Ort und von einer Überbevölkerung kann man wahrlich nicht reden.

Dennoch dauerte die Fahrt dreieinhalb Stunden und irgendwann wollte ich auch gerne ankommen. Zum Anfang meiner Fahrt stiegen zwei Frauen mit einem Kind ein, die sich hinter mich gesetzt haben. Irritiert war ich, dass diese Fahrgäste einen Blumenstrauß dabei hatten, der in Alufolie eingewickelt war. Nur die Blüten schauten heraus. Das Mädchen saß direkt hinter mir und hatte großen Spaß an dem Klapptisch gefunden, der an meiner Rückenlehne befestigt war. Die drei Reisenden haben sich auch lautstark in polnischer Sprache unterhalten. Immer wenn ich kurz davor war etwas einzuschlafen, wurden die Stimmen lauter oder das Mädchen hat in einem unangenehmen Takt den Klapptisch rauf und runter geklappt.

Irland hat kein wirkliches Autobahnnetz. So ging meine Fahrt hauptsächlich durch kleine Dörfer. Ich fand es wunderschön, da ich so viel mehr von Irland sehen konnte. Selbst in den kleinsten Ortschaften ist sehr viel Leben und beeindruckt war ich von der Anzahl der Pubs.

Kurz vor meinem Ziel hat es noch einen Regenschauer gegeben. Der war aber schnell vorbei und es bildete sich ein doppelter Regenbogen am Himmel. Ich fand's schön, dass ich so in Sligo empfangen worden bin.

Nun bin ich in Sligo. Sligo ist die Hauptstadt der irischen Grafschaft County Sligo, die von Wikingern gegründet worden ist. Der irische Name Sligeach bedeutet übersetzt "Platz der Muscheln", da die Küste vor Sligo bekannt war für Ihre reichen Vorkommen und Schalentiere. Sligo ist mit knapp 18.000 Einwohnern die größte Stadt im Nordwesten der Republik Irland. Das County Sligo ist eine spärlich besiedelte und wirtschaftlich vernachlässigte Region, in der noch viel Irisch gesprochen wird. Bemerkenswert ist, dass es in der Stadt Sligo selber knapp 150 Pubs gibt.

Mein Hotel, das Riverside Hotel, ist gerade mal 900 Meter vom Busbahnhof entfernt. Das von mir angemietete Zimmer ist sehr freundlich eingerichtet. Ich habe den Eindruck, dass es sich gelohnt hat bei dieser Reise etwas mehr Geld in die Hotelzimmer zu investieren. Dennoch frage ich mich manchmal, was für Intelligenzbestien besonders die Badezimmer von Hotels einrichten. Mir ist sofort die Halterung für das Toilettenpapier aufgefallen. Lieber Leser, ich weiß ja nicht, wann du zum Klopapier greifst, aber in dem Fall muss man seinen Oberkörper um 140 Grad drehen, um an das Papier zu kommen. In den letzten Jahren habe ich schon in vielen Hotels übernachten dürfen, unabhängig von der Preisklasse war es immer interessant zu sehen, wo die Halterungen für das Toilettenpapier angebracht sind. Vielleicht ist das auch eine Krankheit von Innenarchitekten, die nach Fertigstellung der Hotels hektisch feststellen müssen, dass sie nicht an das Klopapier gedacht haben.

Nachdem ich das Zimmer bezogen habe, ist es mittlerweile 7:00 Uhr abends und ich bin noch in einen benachbarten Pub gegangen, um dort zu Abend zu essen. Das Lokal hieß Belfry und hatte ein Angebot: Steak, Chicken Wings, Pommes und ein Pint Getränk nach Wahl für 17,95 €. Ich dachte, dass die Hähnchenflügel separat als Vorspeise kommen würden, aber nein, alles fand auf dem Teller platz. Es war o. k., für den Preis konnte man nicht mehr erwarten. Als Getränk habe ich mir das unbekannte Blue Moon ausgesucht. Wie gesagt, ich wusste nicht, was mich da erwartet. Irritiert war ich aber, dass der Barkeeper in das Bier ein Stück Orange hinzu gab. Es war ein Weißbier nach belgischer Brauart und es war definitiv nicht mein Geschmack. Ich war froh, diesen halben Liter schnell aufbekommen zu haben und mir zum Ausgleich ein Smithwick's bestellen konnte.

In dem Pub wurde Fußball übertragen. In der Championsleague gab es das Spiel Chelsea gegen Paris Saint Germain. Pünktlich zum Spielbeginn fand sich eine französische Gruppe junger Menschen ein. Letztes Jahr habe ich mit meiner Frau Anja zusammen über Karneval Dublin besucht und ein Ire erzählte uns von den Vorurteilen irischer Wirte, die sie gegenüber französischen Touristen haben und auch die bewahrheiten sich hier. Jeder aus der Gruppe hat sich ein Pint Bier bestellt und nur langsam daraus genippt. Zur Halbzeit hab ich den Pub verlassen und bin zurück ins Hotel gegangen, aber da waren die Gläser noch alle fast voll.

Das Hotel selbst hat auch eine Bar, die gut besucht war. Ich habe mir ein Bier ausgesucht und zwar ein Sunburnt Irish Red. Auch unbekannt. Der Barkeeper sagte mir, es ist ein typisches rotes Ale. Viele rote Biere sind im Geschmack recht laff, aber dieses begrüßte mich mit einer vollen Hopfennote. Da ich in diesem Hotel zwei Nächte verbringen werde, werde ich spätestens als Absacker dieses Bier am nächsten Abend noch mal trinken müssen. Hier in der Bar habe ich mir die zweite Halbzeit von dem Fußballspiel angesehen und bin anschließend doch recht schnell ins Bett gegangen.

Abfahrt in Wuppertal.

Mein erstes Bier in Irland.

Tag 2 - 10. März 2016

Ein Tag in Sligo

Bei meiner letzten Tour sind Sprungfedern in meinen Unterkünften ein großes Thema gewesen. Egal ob dicke oder dünne, laute oder leise, ich hatte alle. Entsprechend oft bin ich auch vor meiner jetzigen Reise auf die Sprungfedern angesprochen worden. Und ich kann versichern, in der ersten Nacht hatte ich kein Problem damit. Es war ein sehr bequemes Boxspringbett. Aber ein Manko gab es. Ich habe zwar immer Einzelzimmer gebucht, jedoch sind es in der Regel Doppelzimmer. Statt einem Doppelbett hatte ich hier zwei einzelne Betten, die man nicht zusammenschieben konnte. Dieses einzelne Bett war so schmal, dass ich drohte aus dem Bett zu fallen, wenn ich mich umdrehte. Obwohl ich in der ersten Nacht in einem fremden Bett nicht so gut schlafen kann, konnte ich den Tag gut ausgeruht beginnen.

Ich muss mich aber noch mal zu dem Badezimmer äußern. Man stelle sich eine Toilettenbrille von unten vor, dort befinden sich aus

Hartgummi längliche Stopper, die waagerecht angebracht sind. Bei meiner Toilettenbrille war das anders. Hier sind die Stopper senkrecht angebracht, ungefähr so breit wie der Rand der Toilettenschüssel. Eigentlich kein Problem, aber wehe, wenn Gewicht auf die Toilettenbrille kommt. Und das hat nichts mit meinem Körpergewicht zu tun, ich habe es auch getestet, in dem ich mit meiner Hand etwas Druck auf der Toilettenbrille ausgeübt habe. Wenn man sich auf die Brille setzt, dann rutscht sie nach rechts oder nach links. Die Überraschung ist immer recht groß.

Das Hotel hat ein reichhaltiges Frühstück angeboten, ich habe mich für das traditionelle "Irish Breakfast" entschieden. Während des Frühstücks konnte ich meiner Schwester Inge zu ihrem Geburtstag per SMS gratulieren. Sie war eher überrascht, dass ich wieder unterwegs bin.

Sehr angetan war ich von dem Frühstücksraum. Durch Sligo fließt der River Garavogue. Dieser Fluss ist recht kurz und hat eine beachtliche Strömung. Das Hotel liegt direkt neben dem Fluss und vom Frühstücksraum aus hat man einen wunderbaren Blick auf ihn.

Nach dem Frühstück habe ich das Hotel verlassen und bin ziellos durch Sligo spazieren gewesen. Sligo ist so, wie ich mir eine irische Kleinstadt vorgestellt habe. Viele kleine graue Häuser, aber Türen und Fensterrahmen sind farbig angestrichen.

Ich kann jetzt gut nachvollziehen, dass es in Sligo 150 Pubs gibt. Überall sieht man einen. Und in einen solchen bin ich am frühen Nachmittag eingekehrt. Es war der Swagman direkt im Zentrum von Sligo. Der Tresen hat mein Herz höher schlagen lassen. Ich musste nachzählen, aber ich sah dort 19 aktive Zapfhähne. 19!!! Auf die Frage, was ich trinken möchte, sagte ich, ich hätte gerne ein IPA, ein

Indian Pale Ale. Da ist mir aufgefallen, dass der Pub vier verschiedene IPAs im Angebot hat. Die Bedienung hat mich alle vier testen lassen. Ich habe mich auf einen Hocker an einem Stehtisch hingesetzt und den Nachmittag genossen. Drei Frauen haben das Lokal geführt und das haben sie mit sehr viel Witz gemacht.

Ein Indian Pale Ale, kurz IPA, ist ein hopfenbetontes Bier mit einem erhöhten Alkoholgehalt. In England wurde das Bier für die Soldaten, die in Indien stationiert waren, gebraut. Um es für die lange Seereise haltbarer zu machen, hat man es mit mehr Hopfen gebraut. Den Suez-Kanal gab es im 19. Jahrhundert noch nicht und der Seeweg um Afrika war einfach zu lang. Eigentlich sollte es dann in Indien mit Wasser verdünnt werden, aber der hopfenintensive Geschmack hat den Soldaten gut gefallen.

Im Pub hatte ich ein Buch dabei. Für mich ist es ein Klassiker und ich habe es nach über 18 Jahren wieder ausgegraben. "Mit dem Kühlschrank durch Irland" von Tony Hawks. Ein Engländer wettet im besoffenen Kopf, dass er es schafft innerhalb eines Kalendermonats mit einem Kühlschrank einmal Irland zu umrunden. Bei diesem Buch ist mir erstmals aufgefallen, dass die Iren ein besonderes Volk sein müssen. Sehr humorvoll, sehr gastfreundlich und auch etwas verrückt. Dieses Buch habe ich nun in dem Pub angefangen zu lesen und ich hätte keinen besseren Ort dafür finden können.

Wenn ich schon bei der Literatur angekommen bin, gibt es noch etwas Wichtiges zu Sligo zu berichten. Der irische Dichter William Butler Yeats, der 1923 den Literaturnobelpreis erhalten hat, fühlte sich der Landschaft des County Sligo verbunden und diese hat nach eigenen Aussagen sein Schaffen geprägt. Der Dichter ist 1939 in Frankreich verstorben, wurde aber 1948 umgebettet, um in Drumcliff bei Sligo beerdigt zu werden, was sein Wunsch war. In Sligo ist Yeats allgegenwärtig. Sein Gesicht oder Zitate seiner Werke sind auf Häuserwänden gemalt.

Nach dem zweiten Bier hatte ich dem Alkohol geschuldet etwas Hunger bekommen und wollte eine Kleinigkeit essen. Ein Blick auf die Speisekarte verriet mir sehr schnell, dass ich neben unbekannten Bieren auch unbekannte Speisen zu mir nehmen werde. Mutig wie ich bin, bestellte ich mir eine Portion Funky Chunky Chips. Pommes mit Bacon und Mozzarella überbacken und darauf ist ein Schlag Sourcreme. Alfred Biolek würde es als interessant bezeichnen.

Mir ist aufgefallen, dass ein Pub nicht nur eine Kneipe ist, es ist ein Treffpunkt für Freunde, Arbeitskollegen, Familien und Nachbarn. Ich habe diese wunderbare Atmosphäre aufgesogen. Nach drei Bieren bin ich zurück ins Hotel gegangen und habe mich für den Abend noch etwas hingelegt.

Für das Abendessen habe ich einen Pub aufgesucht, der fußläufig von meinem Hotel entfernt ist. Im "Fiddlers Creek" habe ich Wiedervereinigung gefeiert. Eines der vielen Biersorten, die dort angeboten worden sind, war das Franciscan Well Chieftian IPA. Bei meiner letzten Reise durch Irland habe ich die Brauerei in Cork besucht und dieses Bier ist direkt eines meiner Lieblinge geworden. Den Abend habe ich damit verbracht, dass ich mir in dem Pub auf einem der vielen Fernseher Fußball angeguckt habe. In der Euroleague spielten erst Dortmund gegen Tottenham und anschließend Liverpool gegen Manchester United. Der Pub füllte sich und unter den Gästen waren sehr viele Anhänger vom FC Liverpool. Es hat Spaß gemacht die Spiele im Pub zu sehen, die Stimmung war gut.

Das traditionelle Frühstück in Irland

Eine schöne Kombination: Ein Buch über Irland mit einem irischen Bier in einem irischen Pub

Yeats ist allgegenwärtig

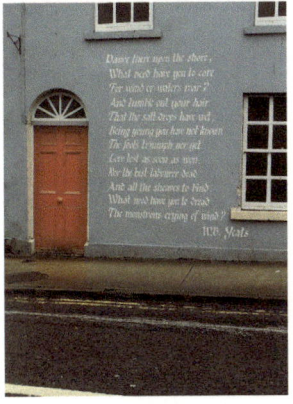

Tag 3 - 11. März 2016

Von Sligo nach Letterkenny

Heute in der Nacht kam ich mir vor wie ein Fahrer einer Seifenkiste. Ich merkte, dass ich drohte aus dem Bett zu fallen, da es ja so schmal ist. Jedoch konnte ich mich aber noch mit meinem Fuß abbremsen. Dennoch werde ich dieses Hotel vermissen, ich finde es familiär, die Lage ist zentral und am Fluss idyllisch gelegen.

Beim Frühstück traf ich zwei Männer aus Deutschland und bin mit beiden ins Gespräch gekommen. Es sind zwei Cousins, die aus der Gegend von Bremen kommen. Erst haben wir uns über Irland und unsere weiteren Reiseziele unterhalten, da die beiden Herren auch eine Rundreise machen, aber später landeten wir dann bei den finanziellen Problemen deutscher Fußballvereine in der ersten Bundesliga. Es ist so einfach, treffen sich irgendwo auf der Welt mindestens zwei Männer aus Deutschland, landet das Gespräch recht schnell beim Fußball.

Im Frühstücksraum saß in meiner Nähe eine afrikanische Frau mit ihrem übergewichtigen Kind. Das Mädchen war vielleicht sechs oder acht Jahre alt und wurde von der Mutter aber immer noch mit der Gabel gefüttert. Ich hatte nicht den Eindruck, dass ihre Tochter eine Krankheit hat. Das Kind trug einen Pullover, der deutlich zu klein war, in pink mit der Aufschrift "Bella" in silbernen Buchstaben. Vor meinem Zimmer hab ich nach dem Frühstück die Frau mit dem Kind wieder getroffen und die Frau begrüßte mich mit dem Wort "Grüezi". Ich war sehr irritiert und die Frau hat das bemerkt. Sie erzählte mir, dass sie in Dublin arbeitet und dort schon mal mit deutschen Kunden zu tun hat. Zum Glück habe ich nicht laut gelästert.

Das Hotel habe ich verlassen und ich habe mich zu Fuß auf den Weg zum Busbahnhof gemacht. Mein Bus ist pünktlich angekommen und in Richtung Letterkenny abgefahren. Wieder war ich beeindruckt von den Annehmlichkeiten der irischen Busgesellschaft. Neben den bequemen Sitzen und dem freien Internet war über dem Fahrer ein Monitor angebracht. Über diesem Monitor konnte auch der Fahrgast in der letzten Reihe sehen, was der Fahrer durch die Windschutzscheibe sehen konnte. Das war nicht unbedingt vertrauenserweckend. Der Fahrer war ein älterer Herr mit einer sehr großen Halbglatze und bereut wohl heute immer noch, dass er keine Karriere im Motorsport vorweisen kann. Mit einem Affenzahn lenkte er den Bus durch die engen Straßen und scheute sich nicht vor waghalsigen Überholmanövern. Egal wie eng eine Lücke war, es war seine.

Irgendwann konnte ich mich wieder auf die Landschaft konzentrieren. Kurz hinter Sligo wurde es sehr hügelig und die Landschaft rauer.

Auf halber Strecke hielt der Bus in Donegal. In den Sommermonaten muss hier der Bär steppen. Ein Souvenirgeschäft reihte sich am nächsten und an Hotels fehlte es auch nicht. Aber jetzt im März sah es sehr trostlos aus und wirkte wie eine Geisterstadt. Dafür war das Meer aber nah.

Nach zwei Stunden Fahrt bin ich mit dem Bus in Letterkenny angekommen. Letterkenny ist mit 15.000 Einwohnern die größte Stadt im irischen County Donegal. Sie liegt im äußersten Nordwesten der Republik Irland, 50 Kilometer nordöstlich der Stadt Donegal und 30 Kilometer westlich der nordirischen Stadt Derry.

Direkt am Busbahnhof war eine Imbissbude von Mr. Chippie. Ich erinnerte mich sofort an meinen Lieblingsfilm "Die Commitments". Dort gibt es eine Szene, in der die Band zu einem Auftritt in einem Wagen dieser Imbissbudenkette anreist. Ich bin mir jedoch nicht sicher, ob ich in den nächsten zwei Tagen dort einkehren sollte.

In den Straßen von Letterkenny ist mir aufgefallen, dass das britische Königreich recht nah sein muss. Viele Geschäfte machen Werbung, mit welchem Umrechnungskurs das britische Pfund angenommen wird. Jedoch sind die Geschäftsleute sich hier nicht einig. Zwischen 1,10 € und 1,40 € für einen britischen Pfund war alles dabei.

Im Hotel angekommen hatte ich mit dem Akzent zu kämpfen. Die Frau an der Rezeption fragte, ob ich im Voraus gebucht hätte. Das habe ich aber nicht verstanden. Die gute Frau suchte nach einem freien Zimmer für mich und als sie meinen Personalausweis gesehen hat, fiel ihr auf, dass ich bereits gebucht und auch bezahlt habe. Ich bezog dann mein Zimmer und war beeindruckt, nachdem ich es betreten haben. Sehr geräumig und dieses Bett ist alles andere als schmal. Es ist so breit, dass es auch die Sicherheitszone zwischen Nord- und Südkorea darstellen kann.

In einer Ecke sah ich neben einem Bügelbrett und einem Bügeleisen einen Hosenglätter. Dennoch war ich über die Lage des Hotels nicht besonders glücklich. Es grenzte direkt an ein Einkaufszentrum und war leider nicht zentral.

Bevor ich aber wieder an die frische Luft wollte, habe ich die Hotelbar aufgesucht und mir einen doppelten Espresso bestellt. Im Kühlschrank an der Bar habe ich durch die Glasfront mir unbekannte Biersorten gesehen. Den Barkeeper habe ich danach gefragt und er berichtete mir, dass es Bier aus einer kleinen lokalen Brauerei in Donegal ist. Leute, die mich kennen, wissen, dass ich zu einem Espresso gerne auch ein Bier trinke. So habe ich mir drei fantastische Biere zu meinem Espresso gegönnt. Ich war sehr beeindruckt, dass ich, obwohl ich in einer großen Hotelkette untergekommen bin, hier eine lokale Spezialität bekommen konnte. Genau wie am Vortag habe ich mich zu einem kleinen Mittagsschlaf hingelegt.

Am frühen Abend habe ich mich auf den Weg in den Ortskern gemacht. Unterwegs hat mich ein Regenschauer überrascht und ich bin in den nächsten Pub geflüchtet. Es war ein ganz normaler Pub, nichts besonderes, aber urgemütlich. Den Gästen im Pub bin ich sofort als Fremder aufgefallen. Ich bin mir gar nicht bewusst, ob es in Letterkenny überhaupt viele Touristen gibt, aber sollte dem so sein, dann machen sie um diesen Pub einen großen Bogen, was aber gar nicht nötig wäre. Die Bedienung ist freundlich, die Atmosphäre ist toll und das Bier ist günstig. In dem Pub gibt es viele Fernseher und auf denen laufen nonstop Pferderennen. Viel kann ich dem nicht abgewinnen, aber die Namen der Pferde sind klasse: "Saved My Bacon", "Let's Dance" oder "Ask The Guru". Sehr witzig.

Gegen 22:00 Uhr wurden die Fernseher ausgeschaltet und in eine Ecke positionierten sich zwei Männer mit Geige und Gitarre und machten Musik. Keine traditionelle irische Musik, das ist eh ein Klischee mit dem man versucht Touristen zu locken. In den Pubs wird sehr viel Musik gemacht, aber oft werden moderne Stücke gecovert oder es wird Jazz angeboten. Die Musiker in dem Pub haben mir gefallen. Besonders ihre Version von "Talking about a Revolution" von Tracy Chapman war richtig schön, da die Geige einen besonderen Ton reingebracht hat. Ich hatte die berühmte Gänsehaut.

Nach zwei Stunden Musik und einigen Guinness habe ich den Rückweg zum Hotel angetreten und konnte dabei feststellen, dass die frische Luft mir gut getan hat. Vielleicht konnte ich so einem Kater vorbeugen.

Zum Espresso trinke ich sehr gerne ein Bier oder zum Bier einen Espresso.

Tag 4 - 12. März 2016

Ein Tag in Letterkenny

Morgens bin ich aufgewacht und merkte, dass ich gar nicht zugedeckt war. Mir war warm und die Luft recht verbraucht. Ich bin zum Fenster gegangen, das ist mir aufgefallen, dass der Fensterrahmen aus Aluminium sehr verbeult ist und man das Fenster eigentlich gar nicht öffnen kann. Auf der anderen Seite des Zimmers entdeckte ich die Regulierung der Klimaanlage. Die bringt mir zwar keine frische Luft, aber es wird kühler. Leider fehlte dort der Knopf zum Regulieren der Klimaanlage. So

wurde es also auch nichts mit der kühlen Luft. Also war mein Plan schnell unter die Dusche zu gehen und den Frühstücksraum aufzusuchen. Beeindruckt war ich, dass neben der Toilette ein Telefon hängt. Ist bestimmt für Geschäftsleute gedacht, die beim Geschäft noch ein Geschäft abschließen wollen. Na gut, der Witz war flach.

Die Badewanne in diesem Badezimmer kann man auch als Dusche verwenden. Statt eines Duschvorhangs hat man hier auf dem Badewannenrand eine Abtrennung aus Glas montiert. Nachdem ich hinter den Ohren wieder sauber war, habe ich die Badewanne verlassen und bin schmerzhaft aufgetreten. Unterhalb des Austritts ist der Türstopper angebracht. Man muss kein Bewegungstalent sein, um auf den Türstopper aufzutreten.

So langsam frage ich mich, warum ich nicht hauptberuflich Hotels teste und damit meine eigene Fernsehsendung gestalte.

Der Frühstücksraum ist groß und das Frühstück wird als Buffet angeboten. Hier habe ich den Unterschied zu dem vorherigen Hotel festgestellt. Dort wurde das Frühstück frisch zubereitet und das hat man am Geschmack gemerkt. Ich weiß aber nicht, was man mit den Spiegeleiern gemacht hat. Die sahen alle gleich aus und hatten die Form eines Eishockeypucks. Das sah nicht besonders appetitanregend aus.

Während des Frühstücks habe ich viel Tee getrunken und das Frühstück so in die Länge gezogen. Zum einen war das Wetter nicht besonders einladend, aber Letterkenny hat auch nicht viel zu bieten, wenn man auf öffentliche Verkehrsmittel angewiesen ist. Die Landschaft ist sehr schön, aber man muss schon motorisiert sein, wenn man davon etwas sehen möchte.

Ich habe mich dann doch auf den Weg in den Ortskern gemacht. Letterkenny besteht eigentlich nur aus einer Straße, auf der sich das ganze Ortsleben abspielt. Besondere Sehenswürdigkeiten habe ich auch nicht gesehen. So befand ich mich auf dem Weg zu einem Einkaufszentrum, was auch nicht besonders war. Auf dem Rückweg kehrte ich dann doch bei Mr. Chippie ein. Traditionell habe ich mich für Fish and Chips entschieden. Um es kurz zu halten, es war geschmacklos und lag schwer im Magen.

Zurück im Hotel habe ich mir im Fernsehen Rugby angesehen, nichts verstanden und bin dabei eingeschlafen.

Abends wollte ich erneut in den Ortskern und dort einen Pub aufsuchen. Im Internet konnte ich nachlesen, dass an dem Abend ein DJ Platten auflegen wollte und den Pub in eine Diskothek verwandelt. Ich bin dann doch im Hotel geblieben und habe mir in der Bar ein Fußballspiel der spanischen Liga angesehen. Ich habe die Hoffnung, dass mir am Folgetag Derry mehr gefallen wird.

Tag 5 - 13. März 2016

Von Letterkenny nach Derry

Meine Nacht endete schon um 3:00 Uhr früh. Irgendeine stark alkoholisierte Person, quasi sturzbesoffen, klopfte lautstark an meine Tür. Und das nicht nur einmal. Ich schaute durch den Türspion der Zimmertür und stellte fest, dass der Mann sich wohl nicht mehr an seine Zimmernummer erinnern konnte und hat einfach dann versucht sich von Tür zu Tür durchzufragen. Meine Laune sank immer mehr, da ich nicht wieder einschlafen konnte. Ich schaffte es zwar in Etappen etwas Schlaf zu bekommen, aber ausgeruht war ich am nächsten Morgen nicht.

Beim Frühstück habe ich auch einen großen Bogen um das warm gehaltene traditionelle Irish Breakfast gemacht. Am Vortag habe ich schon gemerkt, dass es ein großer Unterschied ist, ob die Speise frisch zubereitet wird oder nicht. Es war aber kein Verlust, denn der irische Käse ist vorzüglich.

Nach dem Frühstück habe ich meinen Rucksack gepackt und machte mich auf den Weg zum Busbahnhof, da um 11:10 Uhr mein Bus nach Derry abfahren sollte. Am Busbahnhof angekommen, kam es mir komisch vor, dass dort so wenige Menschen gewesen sind. Jedoch dachte ich mir, es ist Sonntag und warum sollten die Leute dann nach Derry fahren. Ich schaute erneut auf den Fahrplan und vergewisserte mich, dass der Fahrplan auch für alle Wochentage gilt. Bei anderen Buslinien stand schon mal, dass der Fahrplan nur von montags bis samstags gültig ist und der Sonntag separat ausgewiesen wurde. An dem Automaten habe ich mir eine Fahrkarte gekauft und wartete auf meinen Bus. Er kam nicht. An dem Busbahnhof traf ich dann einen Mitarbeiter der Busgesellschaft und fragt nach der Verbindung. Er zeigte mir dann das Kleingedruckte auf dem Fahrplan und mein Bus fährt jeden Tag, nur nicht am Sonntag. Die nächste Verbindung, die ich nehmen konnte, war die Linie 64 um 13:40 Uhr. Ich schaute mich um, wo ich meine Wartezeit verbringen könnte. Ich blickte auf ein kleines Café und dort habe ich mich für knapp zwei Stunden hereingesetzt. Der Kaffee war günstig und in Ordnung.

So habe ich mich nach zweieinhalb Stunden Wartezeit auf dem Weg nach Nordirland gemacht. Ich war sehr gespannt. Ich kann mich noch erinnern, dass ich als Kind im Fernsehen Bilder von den Konflikten gesehen habe.

Der Nordirlandkonflikt beherrschte die nordirische Politik der Jahre 1969 bis 1998. Es handelte sich um einen Konflikt zwischen den Protestanten und den Katholiken. Die Begriffe „katholisch" und „protestantisch" dienen in Nordirland zur Unterscheidung, die in vielen Bereichen sehr unterschiedlich Betrachtungen an den Tag gelegt haben. Die Katholiken waren die alteingesessenen Iren, die arm waren und in der Regel ein bäuerliches Leben geführt haben. Die Protestanten hingegen waren die schottischen und englischen Siedler, die wohlhabend und industriell waren. Konflikte waren dadurch vorherzusehen.

Der Ort Derry selber hat im Rahmen des Nordirlandkonflikts häufig den Namen gewechselt. Immer von Derry nach Londonderry und zurück. In der englischsprachigen Welt wird meist von *Derry* gesprochen, nur in Großbritannien fast durchgängig von *Londonderry*. Im Deutschen werden beide Stadtnamen verwendet. Zur Umgehung der Problematik verwendet die Nordirische Eisenbahn bei Durchsagen oder Zugzielanzeigen durchgehend die Bezeichnung „Derry - Londonderry"; nordirische Fernbusse zeigen „L/Derry" an, während an Bussen oder auch Straßenschildern der Republik Irland grundsätzlich „Derry" und der irische Name „Doire" zu lesen ist.

In Derry angekommen habe ich mich auf den Weg zum Hotel gemacht. Beeindruckt war ich von der steilen Straße, die ich nun hinauf laufen durfte. Ich dachte schon, ich würde hügelig wohnen, aber dagegen ist Wuppertal reinstes friesisches Flachland.

Im Hotel sagte man mir an der Rezeption, mein Zimmer sei noch nicht fertig und ich möge mich noch etwas gedulden. Während der Wartezeit habe ich mich an die Hotelbar gesetzt und mir einen Espresso bestellt. Da das nicht ohne Flüssigkeitsausgleich geschehen soll, bestellte ich mir noch ein Bier dazu. Ein Harp gönnte ich mir, ein irisches Lager. Das war so dermaßen schlecht, dass es direkt in die Kategorie Krombacher Pils rutschte. Auch diese Zeit ging vorbei und ich war froh mein Zimmer beziehen zu dürfen. Wer jetzt denkt, ich bewerte wieder mein Hotelzimmer, den muss ich enttäuschen. Es ist ein stinknormales Zimmer, nicht mehr und nicht weniger. Aber es fehlt mal wieder die Toilettenbürste, doch das scheint in Irland und Großbritannien wohl normal zu sein.

Aber nun schaue ich mir erst mal den Ort an. Derry ist eine sehr geschichtsträchtige Stadt.

Ab April 1689 belagerten katholisch-jakobitische Truppen die Stadt, die Zufluchtsort der protestantischen Siedler war. Nach 105 Tagen wurde die Belagerung beendet, indem ein Schiff mit Verpflegungen einen Damm auf dem Fluss Foyle durchbrach. Derry wurde schon 1618 in Londonderry umbenannt. Ab 1700 war Londonderry einer der wichtigen Häfen der Auswanderung von Iren in die USA. Im Zweiten Weltkrieg war es der westlichste Tiefwasserhafen der britischen Flotte.

Seit 1969 wird die Stadt durch die sogenannten Troubles erschüttert. Die Stadt war während des Nordirland-Konfliktes Schauplatz blutiger Auseinandersetzungen zwischen Protestanten und den katholisch-irischstämmigen Bewohnern.

Trauriger Höhepunkt war der sogenannte Bloody Sunday, am 30. Januar 1972. An diesem Tag wurden in der nordirischen Stadt Derry bei einer Demonstration für Bürgerrechte und gegen die Politik der britischen Regierung 13 Menschen von Soldaten des britischen Parachute Regiment erschossen und 13 weitere angeschossen. Da die Opfer unbewaffnet waren, führte das Ereignis zur Eskalation des Nordirlandkonflikts. Erst spät nahm die britische Regierung Stellung zu dem Ereignis: Am 15. Juni 2010 bat der britische Premierminister David Cameron im Namen der Regierung um Verzeihung für die Taten der britischen Soldaten.

U2 hat sich mit dem Lied „Sunday Bloody Sunday" mit dem Ereignis auseinander gesetzt. Sehr eindrucksvoll.

In der Nähe meines Hotels führt die historische Stadtmauer entlang. Sie ist 1,8 km lang und gehört zu den längsten erhaltenen Stadtmauern in Großbritannien. Da es nicht mehr lange dauert bis die Dunkelheit einbricht, habe ich mich entschieden über die Stadtmauer zu gehen und konnte mir so einen schönen Überblick von Derry erhaschen. Nun ärgerte ich mich umso mehr, dass ich nur eine Übernachtung hier habe. Die Stadt verspricht einige schöne Ecken zu haben, die man bestimmt erkunden sollte.

Da es langsam dunkel geworden ist, bin ich in einen Pub gegangen, der im Internet wegen der guten Küche angepriesen worden ist. Ich hoffe, dass die Küche wirklich so gut ist, denn Atmosphäre gibt es hier überhaupt nicht.

An einer anderen Stelle habe ich schon mal erwähnt, dass ich mit dem Akzent hier im Norden überhaupt nicht klar komme. So war es auch mit der Bestellung meines Abendessens. Ich dachte, ich hätte intuitiv richtig bestellt. An diesem Abend habe ich mich für einen Burger entschieden, gekommen ist ein

Monsterburger. Ich war schon fast erschrocken und überlegte mir, wie ich diesen Burger überhaupt essen soll. In die Hand nehmen hätte vielleicht noch funktioniert, aber dafür hätte ich meinen Kiefer ausrenken müssen. Macht euch selber ein Bild davon, zum Ende des Kapitels habe ich hier ein Foto abgedruckt.

Nach dem Burger und zwei Bier wollte ich bezahlen. Da ich noch keine britischen Pfund hatte, gab ich der Bedienung meine Kreditkarte. Diese funktionierte leider nicht. Ich konnte die Bedienung davon überzeugen, dass ich zum nächsten Geldautomaten gehe und wieder zurückkomme. Sie hat mir das geglaubt. So bin ich die steile Straße, die ich vor einigen Stunden mit meinen Rucksack hochgestiefelt bin, nun aber mit dem Monsterburger in meinem Bauch, hinauf gelaufen und habe an einem Geldautomaten Bargeld geholt. Zurück im Pub konnte ich meine Rechnung begleichen. Die Bedienung sagte mir, dass sie mir nun doch glaubt, das ich Deutscher bin, denn ein Ire wäre nicht zurückgekommen. Ich habe mir dann noch ein Bier bestellt, das Chieftian IPA von Franciscan Well. Mit der Bedienung bin ich ins Gespräch gekommen. Sie wollte wissen, wo ich genau in Deutschland wohne, was ich in Nordirland mache und warum ich überhaupt in Nordirland bin. So erzählte ich ihr, wie sehr ich das irische Bier mag, dass ich nun den Norden der Insel bereise und es die Fortsetzung meines letzten Urlaubs ist. Das hat sie schon beeindruckt und sie erzählte mir, dass es auch in Derry eine kleine Brauerei gibt, sie mir aber nicht sagen kann, wann sie geöffnet hat. Sie wüsste ja auch nicht, ob ich mich überhaupt für Brauereien interessiere oder nur das Bier gerne trinke. Ich zeigte auf das Bier, das vor mir stand, und erzählte, dass ich extra wegen der Brauerei letztes Jahr nach Cork gefahren bin. Ich glaube da hat sie sich in mich verliebt. Ihr Blick war verklärt und sie sagte nervös, sie müsse sich wieder an die Arbeit machen. Ich habe sie dann nicht mehr gesehen und ich denke, sie ist mir bewusst aus dem Weg gegangen, damit ihre Gefühlswelt keinen größeren Schaden nimmt.

Mein Abend endete dann aber, indem ich Herrn Blaudzun von der Sparkasse in Wuppertal-Sonnborn eine E-Mail geschrieben habe, um ihn zu bitten, dass er sich meiner Kreditkarte annimmt. Das hätte ich mir auch nicht zu träumen gewagt, dass ich dem Berater der Sparkasse eine E-Mail aus einem nordirischen Pub zusende und ich sie schreibe, während ich ein Bier dabei trinken. Aber so wie ich ihn einschätze, wird er bei der Lektüre meiner Mail selber Durst bekommen haben.

Wandgemälde zur Erinnerung an Annette McGavigan, Sie wurde 1971 mit 14 Jahren als 100. ziviles Opfer von britischen Soldaten erschossen.

Der „Monsterburger". Im Lokal hieß er nur nach der Straße, an dem der Pub gelegen ist.

Tag 6 - 14. März 2016

Von Derry nach Belfast

Bevor ich in den heutigen Tag starten konnte, mussten noch zu Hause in Wuppertal zwei Sachen geklärt werden. Zum einen wollte ich wissen, was nun mit meiner Kreditkarte ist, aber heute sollte ein Mechaniker in unsere Wohnung kommen, um sich unsere defekte Waschmaschine anzusehen. Es war positiv und negativ. Herr Blaudzun von der Sparkasse hat sich gemeldet und teilte mir mit, dass mit meiner Karte alles in Ordnung ist und der Fehler wohl beim Lesegerät im Pub lag. Leider war es bei der Waschmaschine anders. Nach Auskunft des Mechanikers ist die Elektronik unserer acht Jahre alten Waschmaschine kaputt und die Reparatur würde circa 400 € kosten. Meine Frau ist dann zum ortsansässigen Elektrohändler gegangen und hat dort eine neue Waschmaschine gekauft. So kann man trotz Abwesenheit viel Geld ausgeben.

Auf den heutigen Tag habe ich mich sehr gefreut. Belfast hat immer etwas Besonderes für mich dargestellt. So war ich froh, dass alles einmal erleben zu können. Vorher musste ich aber noch Abschied von Derry nehmen und Derry zeigte sich heute noch mal von seiner besten Seite. Das Wetter war wirklich bezaubernd. Stahlblauer Himmel, nicht eine Wolke und ich denke, es waren 14 oder 15 °C. Für mich war es schon warm genug, dass ich ohne Jacke den Weg zum Bahnhof nehmen konnte.

Meine Jacke ist ein anderes Thema. Hier auf der Reise habe ich festgestellt, dass sie nun doch einige Jahre auf dem Buckel hat und langsam das zeitliche segnet. Innen hat die Jacke eine weiße Beschichtung. Diese löst sich nun langsam ab, jedoch nur kleinstteilig. Das ist bitter, da ich eine Vorliebe für dunkle T-Shirts habe. Wenn ich die Jacke ausgezogen habe, sieht es aus, dass ich starke Probleme mit Schuppen in den Haaren habe.

Für £ 12 hat mich der Zug der nordirischen Eisenbahngesellschaft nach Belfast gebracht. Die Fahrt dauerte zwei Stunden und führte die ganze Zeit an der Nordküste entlang. Das war wirklich eine faszinierende Fahrt. Das wunderbare Wetter trug zur Stimmung einiges bei.

Belfast ist die Hauptstadt von Nordirland und ist mit ihren 280.000 Einwohnern auch ihre größte Stadt, aber sie ist auch die zweitgrößte Stadt auf der irischen Insel. Der Nordirland Konflikt dauerte lange an, erst im Jahr 1998 wurde ein Friedensvertrag geschlossen, seitdem erlebt besonders Belfast einen richtigen Aufschwung.

In Belfast bin ich mit meinem Zug erst über mehrere Stationen bis zu meinem Zielbahnhof durchgefahren. Schon da konnte ich erkennen, dass der Aufschwung noch aktuell ist. Überall wird kräftig gebaut, aber leider auch so, das ist doch mein Eindruck, dass es nicht in das Stadtbild passt.

Im Hotel holte ich als erstes meine Tube Rei aus dem Rucksack, das Waschmittel für die Wäsche unterwegs. Um einen nicht allzu vollen Rucksack für die Reise zu haben, habe ich mich darauf eingestellt, nach einigen Tagen etwas zu waschen. So habe ich einen Teil des Tubeninhalts im Handwaschbecken aufgelöst. Das war schon eine eklige Angelegenheit und ich werde mich hüten hier detailliertere Angaben zu machen. Genau nach Anweisung bin ich vorgegangen, habe die Wäsche anschließend kräftig ausgespült und das Wasser aus der Wäsche mit ganzer Kraft ausgewrungen. Nur dann ist mir aufgefallen, dass es schwierig sein könnte, die Wäsche auch trocken zu bekommen. Im Badezimmer gab es keine Heizung und das Fenster vom Zimmer lässt sich nur einen kleinen Spalt öffnen. Nur eine Klimaanlage habe ich entdeckt. Meine Wahl war dann, dass ich die Klimaanlage auf 30 °C einstelle und die Hoffnung hatte, die Wäsche wird dann bis zur Abreise in zwei Tagen trocken. Mir ist dann nur eingefallen, dass sich die Klimaanlage dann ausschaltet, wenn ich das Zimmer verlasse. Aber dazu habe ich mir später dann weitere Gedanken gemacht.

Ich bin dann aus dem Hotel heraus und habe mir in meinem Umkreis Belfast angesehen. Mir sind die vielen Gebäude aufgefallen, die aus der viktorianischen Zeit sein müssen. Ich bin dann weitergegangen und landete in einem Einkaufsviertel. Berühmte Ketten findet man dort, aber dort, wo es mal Einzelhändler gegeben hat, sind nun die Geschäfte leer. Der eine oder andere Straßenzug sah dadurch recht trostlos aus. Irgendwann meldete sich mein Körper und bat höflichst um Flüssigkeitszufuhr. Es war schwierig, denn dort in der Gegend habe ich keinen Pub gefunden. Den ersten, den ich gesehen habe, da habe ich mich nicht hinein getraut. Die Menschen, die davor gestanden haben, haben nicht unbedingt den Eindruck vermittelt, dass es dort eine wohlige Atmosphäre geben könnte. Zwei

Straßenecken weiter wurde ich aber fündig. Nach einem lokalen Bier habe ich gefragt und er hat mir ein Guinness angeboten. Ich sagte richtig lokal, also aus Belfast. Das konnte er mir nicht anbieten, aber er hatte auch meine Freunde von der Franciscan Well Brewery am Zapfhahn.

In Belfast sind mir auf den Straßen viele Straßenmusiker aufgefallen, aber auch sehr junge Menschen, die um Geld gebettelt haben. Abends habe ich dann Menschen gesehen, die sich um die Obdachlosen gekümmert haben und sie mit unterschiedlichen Dingen verpflegt haben.

Abends habe ich ein Lokal aufgesucht, dass typisch irische Speisen angeboten hat. In der Nähe meines Hotels bin ich auf einen Pub gestoßen, der eine sehr ansprechende Speisekarte hatte. Ich bin zur rechten Zeit in den Pub hinein, denn kurz nach mir kamen immer wieder neue Gäste, die abgewiesen werden mussten. Ich habe mich für ein Steak & Guinness-Pie entschieden. Ich denke, neben dem Irish Stew gibt es nichts traditionelleres. Dazu habe ich zwei Biere getrunken, die auch in Belfast gebraut worden sind. Geschmacklich waren sie o. k., aber nicht so, dass ich nach Belfast deswegen auswandern müsste.

Abends zurück im Hotel habe ich mir dann doch noch mal Gedanken wegen meiner feuchten Wäsche gemacht. Ich blieb dabei, habe die Klimaanlage auf 30°C eingestellt und stellte mich auf eine muckelige Nacht ein. Es hatte Erfolg. Nachts wurde ich mal wach, brauchte bis dahin auch nicht die Bettdecke, fühlte nach der Wäsche und sie war trocken. Ich schaltete die Klimaanlage aus, machte das Fenster maximal auf und konnte die Nacht zugedeckt fortsetzen.

Der Bahnhof von Derry bzw. Londonderry

Wie sehr habe ich das Wetter genossen.
An diesem Tag besonders.

Ein Zug der Nordirischen Eisenbahngesellschaft

Eine Portion Steak & Guinness-Pie

Tag 7 - 15. März 2016

Ein Tag in Belfast mit einem Ausflug nach Carrickfergus

"I wished I was in Carrickfergus
Only for nights in Ballygrand
I would swim over the deepest ocean
The deepest ocean to be by your side

But the sea is wide and I can't swim over
And neither have I wings to fly
I wish I could find me a handy boatman
To ferry me over to my love and die"

Belfast hat wirklich viel zu bieten, Sehenswürdigkeiten und auch einige interessante Museen. Darunter auch ein Museum über die Titanic. Die Nordiren sagen so gerne, dass sie die Titanic gebaut haben, aber ein Engländer hat sie versenkt. Aber nach alldem war mir heute nicht der Kopf. Ich wollte unbedingt ans Meer und ich hatte den Eindruck, dass es hier von Belfast aus eine gute Möglichkeit geben könnte. Ein Blick auf die Karte verriet mir, dass Carrickfergus nur paar Minuten mit dem Zug von mir entfernt ist und der Bahnhof quasi neben meinem Hotel. An der Rezeption habe ich noch einen Mann gefragt, ob es sich wirklich lohnt nach Carrickfergus zu fahren, wenn man das Meer sehen möchte. Er hat es sehr enthusiastisch bestätigt.

Am Bahnhof kaufte ich mir eine Fahrkarte und war sehr über die Preisgestaltung überrascht. Eine einfache Fahrkarte kostet £ 4,30 und eine Rückfahrkarte £ 4,40. Der Zug brauchte insgesamt 30 Minuten um nach Carrickfergus zu kommen. Das Wetter spielte auch mit, ich hatte wieder einen stahlblauen Himmel und Sonne satt. Während der Zugfahrt hatte ich einen Ohrwurm. Das gleichnamige Lied schwirrte die ganze Zeit in meinem Kopf herum.

Am Ziel angekommen bin ich durch die kleinen Straßen des Ortes gelaufen und konnte sehr schnell das Meer sehen. Es war einfach nur schön. Einen Strand gibt es nicht, aber die Promenade führt direkt am Wasser entlang.

Es ist eine kleine Promenade, aber das war für mich völlig ausreichend. Wenn man das sonst nicht hat, freut man sich auch über solche Kleinigkeiten. Am Meer war auch das Castle von Carrickfergus zu sehen, das man für etwas Eintritt auch besichtigen konnte. Aber das wollte ich gar nicht. Ich bin die Promenade entlang gelaufen, habe den Yachthafen gesehen und ich bin in eines der kleinen Restaurants eingekehrt. Mit einem Espresso und einem Guinness habe ich mich auf die Terrasse vor einem Restaurant gesetzt und einfach nur das Wetter und die Seeluft genossen. Nach zwei Stunden bin ich wieder zurück nach Belfast gefahren. Dieser Ausflug hat sich aber gelohnt.

In Belfast bin ich drei Stationen vorher ausgestiegen und habe die Stadt weiter zu Fuß erkundet. Wenn ich etwas gesehen habe, bin ich stehen geblieben und habe es mir genauer angesehen. Aber ich hatte keine Muße gehabt, mich an dem Tag noch in ein Museum zu begeben.

Den Nachmittag habe ich so sehr ruhig ausklingen lassen. Kurz vor meinem Hotel bin ich noch in einen Pub gegangenen. Ein sehr abgedrehter Laden der den Namen Voodoo hat. Der Wirt wollte wissen, was ich trinken möchte und ich habe mal wieder nach einem lokalen Bier gefragt. Er zeigte mir in seinem Kühlschrank eine sehr große Auswahl, aber wirklich eine große Auswahl, Biere aus der Umgebung, die dort handwerklich gebraut werden. Wir haben uns etwas unterhalten und er hat mir zwei Flaschen empfohlen, die ich dann auch nach und nach getrunken habe. Es waren wirklich sehr leckere Biere.

An einem kleinen Tisch habe ich Platz genommen und mich weiterhin über die sehr gute Auswahl gefreut. An meinem Nachbartisch nahm eine junge Frau Platz und da traute ich meinen Augen nicht. Sie hat sich am

Tresen eine Flasche Krombacher Pils gekauft. Ich habe sie gefragt, ob ich ihre Bierflasche fotografieren dürfe und sie hat das bereitwillig zugelassen. Sie fragte mich, ob ich das Bier kennen würde und wenn ja, ob es mir auch so gut schmeckt. Ich sagte ja, ich kenne es, aber freiwillig kaufen würde ich es nicht. Sie lachte und meinte, sie könne mich verstehen, denn es ist ja auch ein typisches Bier für Frauen. Ich war froh, dass ihre Begleitung dazu gekommen ist und er kein Interesse hatte ein Gespräch mit mir zu führen. Ich fand das schon sehr eigenartig, dass sich ein Pub mit dieser Auswahl aus Deutschland ausgerechnet Krombacher Pils in seinen Kühlschrank stellt.

Anschließend habe ich im Hotel mich und den Akku meines Handys ausruhen lassen. Nach einem Kassensturz habe ich gesehen, dass ich nur noch £ 16,15 in meiner Tasche hatte. Ich dachte mir, drei Bier bekomme ich dafür noch und bin in den nächstgelegenen Pub gegangen.

Der nächstgelegene Pub war aber nicht der Bringer. Ich fand es dort sehr laut, sehr voll und ich fühlte mich da einfach nicht wohl. Das Bier, dass ich dort getrunken habe, ein belgisches Lager, fand ich scheußlich. So habe ich sehr schnell den Laden verlassen und bin eine Ecke weiter gegangen. Den Pub, den ich dort angetroffen habe, war dafür ein Schmuckstück. An der Theke habe ich mir ein Bier geholt und konnte einen freigewordenen Stehtisch für mich ergattern. Es hat mir einfach sehr viel Spaß gemacht, mir das Treiben in dem Pub anzusehen. Nach einigen Minuten haben sich ein Mann und eine Frau zu mir an den Tisch gestellt. Ich habe versucht deren Gespräch zu folgen, aber das war nicht möglich. Die haben einen so harten Akzent gesprochen, dass ich mir gar nicht sicher war, ob das überhaupt Englisch war. Je länger ich mir das angehört habe, umso sicherer war ich dann, dass es Englisch ist. Die haben sehr häufig das Wort Fuck verwendet. Obwohl ich zugehört habe, habe ich den Inhalt nicht so wirklich verstanden. Später habe ich dann festgestellt, dass die beiden derbe betrunken gewesen sind. Die waren nicht in der Lage ihr italienisches Bier auszutrinken und schwankten dann gemeinsam aus dem Pub. Ich hoffe nur die beiden sind gut zu Hause angekommen.

Italienisches Bier? Genau. In vielen Pubs in Irland und Nordirland wird das Peroni gezapft angeboten. Heineken und Carlsberg gibt es fast immer. Aber das liegt auch daran, dass die beiden Brauereien bereits kräftig in Irland eingekauft haben. Und Peroni? Peroni gehört zu SAB Miller und auch die sind mittlerweile ganz gut in Irland vertreten.

Zurück in den Pub. Da kam ich mir vor, wie ein kleiner Junge, der sein Taschengeld verprasst hat. £ 3,05 hatte ich noch in meiner

Hosentasche und an der Theke fragte ich, was ein halber Pint kosten würde. £ 2,60 kostete es und es war mein letztes Bier in Nordirland. Auf meinem Rückweg zum Hotel habe ich einem Obdachlosen meine letzten 45 Pence gegeben. Etwas schäbig kam ich mir bei dem geringen Betrag schon vor.

Guinness und Espresso. An diese
Kombination kann ich mich gewöhnen.

Mit so einem Wetter an der nordirischen
Küste hätte ich nicht gerechnet.

Alkoholische Getränke auf öffentlichen Plätzen kann ein teures Vergnügen werden.

Mein Blick aus meinem Hotelzimmer

Tag 8 - 16. März 2016

Von Belfast nach Dundalk

Heute war's dann an der Zeit mich aus Belfast zu verabschieden. Nach dem Frühstück bin ich mit meinem Gepäck zum nahegelegenen Bahnhof gegangen und habe mir eine Fahrkarte nach Dundalk, meiner letzten Etappe meiner Reise, gekauft. Mit dem Zug muss ich erst nach Belfast Central fahren, um dort in den Zug Richtung Dublin einzusteigen. Circa eine Stunde vor Dublin hielt der Zug in Dundalk. Die Verbindung von Belfast nach Dublin scheint wohl eine besondere Verbindung zu sein. Der Zug hält an einem extra dafür vorgesehenen Bahnsteig in Belfast und das gastronomische Angebot wird hervorgehoben. Es ist aber nichts Besonderes, diverse Dosen Getränke, Sandwiches und Süßigkeiten.

Meinen Ausstieg habe ich fast verpasst. Im Zug konnte ich kaum meine Augen offen halten, aber im Halbschlaf hörte ich die Ansage, dass der nächste Bahnhof mein Zielbahnhof ist.

In Belfast war der Himmel noch recht bedeckt, was sich aber auf der Fahrt wendete. In Dundalk brezelte die Sonne ganz gut und ich freute mich bald im Hotel anzukommen, da ich wusste, dass es jetzt anstrengend mit dem Rucksack wird.

Wenn ich irgendwo angekommen bin, war mein erster Griff zum Smartphone und ich schaute im Navi nach, wie ich zu meiner Unterkunft komme. Nur hier traute ich meinen Augen nicht, es waren knapp über 3 km Fußweg zu meinem Hotel. Ich entschied mich, ein Taxi zu nehmen, aber so wie ich es gewohnt war, stand am Bahnhof nicht ein Taxi. Ich dachte dann, ich werde in Richtung Innenstadt gehen und werde dort bestimmt ein Taxi finden. Nach der dritten Ecke, an der ich abgebogen bin, sah ich einen großen Tesco-Markt. Mir ist auch aufgefallen, dass sich dort auf dem Parkplatz, vor dem Eingangsbereich, einige Taxis bewegten. So habe ich meinen Plan geändert und bin in den Supermarkt gegangen, habe noch die ein oder andere Besorgungen für die Heimat gemacht, und wartete dann auf ein Taxi.

Es kam aber kein Taxi. Ein Beschäftigter des Supermarktes hat vor mir gefegt und ich habe ihn gefragt, was ich machen muss, um ein Taxi zu bekommen. Ich soll ein Taxi rufen, sagte er mir. Ich entgegnete, dass ich Tourist sei und nicht eine Rufnummer eines Taxiunternehmens habe, aber fragte, ob die Informationen des Supermarktes mir eventuell ein Taxi rufen könnte. Er schaute mich entgeistert an und sagte, das würden sie nie tun. Aber ich soll etwas warten, alle 5-10 Minuten kommt ein Taxi vorbei und liefert Leute ab beziehungsweise sammelt sie ein. Nach knapp 20 Minuten hatte ich Glück und eine Taxifahrerin hat mich mitgenommen. Am Hotel angekommen, habe ich bezahlt und wollte ihr auch ein Trinkgeld geben. Ich habe ja gelernt, dass man im Pub kein Trinkgeld gibt, war aber dann überrascht, dass die Fahrerin mein

Trinkgeld nicht annehmen wollte. Ich fragte sie, ob das nicht üblich sei. Sie sagte nur, einige Kollegen von ihr machen das, aber sie möchte das nicht.

Das Hotel hat durch seinen Komfort einiges wieder gut gemacht, da es mir deutlich zu weit vom Zentrum entfernt ist. Mein Zimmer ist im zwölften Stock und ich habe einen wunderbaren Ausblick.

Richtig sicher, was ich an dem Abend noch unternehmen möchte, war ich mir nicht. Ich müsste erst einmal organisieren, wie ich überhaupt in die Innenstadt kommen soll beziehungsweise wieder zurück. Im Internet, bei Google Maps, habe ich gesehen dass in der Nähe vom Hotel eine Bushaltestelle ist. Ich habe mich dann zu ihr auf den Weg gemacht. Dort wunderte ich mich, dass kein Fahrplan aushing, es sah auch nicht danach aus, dass dieser Opfer von Vandalismus geworden ist. An der Haltestelle saß eine junge Frau und ich fragte sie, wann denn hier ein Bus halten würde. Sie schaute in ihrem Smartphone und sagte mir, ich müsste mich noch circa zehn Minuten gedulden.

Tatsächlich kam dann auch ein Bus. Der Fahrer hat Leute aus dem Bus gelassen, aber mich nicht in den Bus. Erst habe ich mich aufgeregt und sehr geflucht, aber dann habe ich wieder dazugelernt. Einige Haltestellen, besonders kurz nach dem Start der Linie beziehungsweise kurz vor dem Ende der Linie, haben die Bezeichnung "Pick up stop only" oder "Drop off stop only". Das bedeutet, dass an solchen Haltestellen entweder nur Fahrgäste aufgenommen werden beziehungsweise diese an solchen Stationen nur aussteigen dürfen. Keine Ahnung, wo sich dort der nähere Sinn befindet. Daher hängt an der Haltestelle auch kein Fahrplan, weil dort nur Fahrgäste aussteigen. Fluchend habe ich mich dann auf den Weg gemacht und fand einen Pub am Straßenrand.

An einen kleinen Tisch wurde ich hingesetzt und habe mich für einen Burger entschieden. Bei der Bestellung fragte ich, ob ich ihn etwas schärfer haben könnte, die Bedienung entschuldigte sich, da sie keine Gewürze oder Saucen haben, um etwas zu schärfen.

Nach dem Essen wollte ich zahlen und gehen. Wusste aber nicht, was ich anschließend hätte tun wollen. Bezahlt habe ich, ich blieb an der Theke sitzen. Auf einer großen Leinwand wurde dort das Spiel von Barcelona gegen Arsenal London übertragen. Erst habe ich Smithwick's getrunken. Das rote Ale hat einen leichten Geschmack, den ich sehr mag, aber auf Dauer wird er mir zu langweilig. So entschied ich mich für ein Hop House 13. Das ist ein Lager aus dem Hause Guinness, dass es erst seit knapp über einem Jahr gibt. Guinness hat hier mit einem höheren Hopfenanteil gebraut, das schmeckt man auch und ich habe mich den restlichen Abend daran festgehalten.

Nachdem Arsenal verloren hat, fing beim Spiel Bayern München gegen Juventus Turin die Verlängerung an. Den Leuten im Pub war es egal, wer von den beiden Mannschaften gewinnt, aber sie haben sich von dem Offensivfußball der Münchener mitreißen lassen und ich mich dann auch.

Das Spiel war gerade beendet, da fing eine Band an Musik zu machen. Mittlerweile war ja auch schon 23.00 Uhr durch und der Pub wurde immer voller. Da ist mir aufgegangen, dass man in den St. Patrick's Day hinein feiert. Die Kapelle, bestehend aus zwei Männern, spielte das zweite Lied und die Beschäftigten des Pubs liefen durch das Lokal und haben den Gästen Papphüte aufgesetzt. Wer ihn wieder abgesetzt hatte, bekam ihn direkt wieder aufgesetzt. Irgendwie hatte das was von einem Kindergeburtstag, aber da alle mitgemacht haben, war das auch schon wieder witzig. Beim Lied "The town I loved so well" haben alle Gäste im Pub mitgesungen. Das war für mich ein Gänsehautmoment.

Zur späteren Stunde wurde jedem Gast ein Snack gereicht. Ich bin der festen Überzeugung, dass es nur für eine Grundlage sorgen sollte: Pommes mit Bolognese und viel Mayonnaise. Die Nacht ging mit viel Musik und mit ähnlicher Menge Bier weiter. Meine Füllmenge hatte ich erreicht und singend ging ich zum Hotel zurück. Vor dem Hotel habe ich mit meinem Gesang aber aufgehört.

Ein hopfenreiches Lager aus dem Hause Guinness. Richtig lecker.

So einen Hut bekam jeder im Pub. Hatte irgendetwas von einem Kindergeburtstag.

Tag 9 - 17. März 2016

St. Patrick's Day in Dundalk

Ich wurde wach und war mir sicher, dass ich gestern nicht nüchtern ins Bett gekommen bin. Stimmt, aber ich habe auch nicht damit gerechnet, dass die Feierlichkeiten schon in der Nacht anfangen. Ich habe mir bewusst viel Zeit gelassen bis ich frühstücksfein war.

Aber was bedeutet der St. Patrick's Day eigentlich? St. Patrick, der Nationalheilige der Iren, lebte im fünften Jahrhundert. Wie und wo er aufgewachsen ist, darüber gibt es keine eindeutige Meinung. In einem stimmen aber fast alle Legenden überein: Mit 16 Jahren wurde er durch Sklavenjäger von Wales oder Schottland nach Nordirland verschleppt, wo er die nächsten Jahre ein hartes Leben als Schafhirte verbrachte. In der Einsamkeit der rauen Landschaft wandte er sich dem Christentum zu. Fortan, so die Legenden, war sein Leben von Visionen geprägt. So war es auch eine solche, die St. Patrick veranlasste aus Irland zu fliehen und eine Priesterausbildung zu absolvieren. Mehrere Jahre später kehrte er nach Irland zurück. Seine Mission: Bekehrung der irischen Kelten.

Da er deren Sprache und Gewohnheiten aus seiner Sklavenzeit kannte, brachte er, anstatt den heidnischen Glauben komplett auszurotten, die Riten und Traditionen der größtenteils naturreligiösen Iren im christlichen Glauben unter. Dem damaligen König von Irland und den keltischen Druiden erklärte er die Dreifaltigkeit des christlichen Glaubens anhand eines dreiblättrigen Kleeblattes (Shamrock). Seither gilt das Kleeblatt als irisches Nationalsymbol. Manche führen auch die Entstehung des Keltenkreuzes auf St. Patrick zurück, welches das heidnische Symbol Sonne mit dem christlichen Symbol Kreuz verband. Ebenso behielt er die Tradition aufrecht, den Göttern durch Feuer zu huldigen und ließ die bekehrten Iren das Osterfest mit einem Feuer feiern.

Die wohl bekannteste Tat des heiligen Patricks ist die Befreiung der irischen Insel von

Schlangen. Der Legende nach habe er diese bei einer Predigt auf einem Berg mit seinem Bischofsstab von der Insel vertrieben. Da es jedoch im nacheiszeitlichen Irland nie Schlangen gegeben hatte, symbolisiert diese Legende die Vertreibung des heidnischen, keltischen Glaubens.

In der Tat konnte St. Patrick bis zu seinem Tod am 17. März 461 viele Iren zum Christentum bekehren. Mit dem Christentum brachte er ihnen aber auch sein Wissen und seine Bildung und sorgte u.a. dafür, dass Geschichten von da an schriftlich niedergeschrieben wurden.

Heute ist der Todestag des Heiligen ein Nationalfeiertag in Irland. Abgesehen von Restaurants und Pubs sind an diesem Tag alle Geschäfte geschlossen. Der einst religiöse Charakter des Feiertags ist jedoch weitestgehend in den Hintergrund getreten, auch wenn noch traditionelle Gottesdienste gehalten werden.

Vielmehr ähnelt er nun dem rheinischen Karneval und ist zu einem meist feuchtfröhlichen Volksfest geworden.

In Dublin, der Hauptstadt Irlands, findet jedes Jahr das St. Patrick's Day Festival statt, das an den Tagen vor und nach dem 17. März mit zahlreichen, meist kostenlosen Veranstaltungen und Konzerten aufwartet. Am 17. März selbst findet die große Parade im Stadtzentrum statt, der jährlich über eine Million Zuschauer beiwohnen.

Außerhalb von Irland ist der St. Patrick's Day am weitesten in den USA verbreitet. Irische Einwanderer brachten den Nationalfeiertag aus ihrer Heimat mit und feierten ihn im Jahr 1737 mit der weltweit ersten Parade in Boston. In Irland selbst sind diese erst seit den 70er Jahren verbreitet. Knapp 30 Jahre nach der Premiere in Boston fand dann zum ersten Mal die wohl bekannteste St. Patrick's Day Parade in New York City statt, bei der bis zum heutigen Tag jedes Jahr einige Millionen Zuschauer den Straßenrand der 5th Avenue säumen.

Auch in vielen anderen Städten mit einem hohen Anteil irischer Bevölkerung werden Paraden veranstaltet. Jede Menge irisches Essen und Getränke, Musik und Lieder sind dabei nicht wegzudenken. Menschen kleiden sich in den Nationalfarben Irlands, Kleeblätter zieren Wangen und Kleidung und mancherorts werden sogar Flüsse und Bäche grün eingefärbt, so z.B. der Chicago River im Jahr 2005.

Neben den USA und Irland wird der St. Patrick's Day auch in vielen weiteren Ländern gefeiert. So z.B. in Australien, Neuseeland, Kanada und Südafrika sowie Argentinien und auf Montserrat (abgesehen von Irland und zwei kanadischen Provinzen, der einzige Staat, in dem der St. Patrick's Day ein offizieller Feiertag ist). Für das Jahr 2008 wurde der liturgische Gedenktag von der römisch-katholischen Kirche auf Samstag, den 15. März, vorverlegt, da er sonst in die Karwoche gefallen wäre, in der kein Fest oder ein anderes Gedenken begangen werden kann. Dieses Phänomen tritt nur sehr selten auf, zuletzt im Jahre 1940 und das nächste Mal im Jahre 2160.

Nun habe ich ausreichend den Erklärbar gespielt. Mein Zimmer hatte ich ja im zwölften Stock, der Frühstücksraum war noch eine Etage drüber und der Ausblick war noch etwas besser. Ich konnte soweit in die Ferne blicken, dass ich das Meer sah. So habe ich mir hier auch viel Zeit gelassen. Das tat mir auch gut.

Das Frühstück über habe ich mir Gedanken, wie ich in den Ort kommen werde. Die Taxifahrerin von gestern sagte mir zwar, dass ich für den Fußweg nur circa 20 Minuten benötigen werde, aber ich wollte ihr das nicht so ganz glauben. Ich habe mich dann auf den

Weg gemacht und bin die Straße nach Dundalk gelaufen. An dem Supermarkt von gestern bin ich angekommen und stellte fest, dass ich doch 50 Minuten gebraucht habe. Nach einem Kaffee vor Ort bin ich weiter in die Ortsmitte gegangen und habe mich an einer Stelle hingestellt, wo ich der Parade folgen konnte.

Nach etwas Wartezeit fing die Parade an. Ich habe mich gefragt, was mich bei dieser Parade erwarten wird. Ich konnte mir nicht vorstellen, dass es ähnlich wird, wie bei uns bei einem Karnevalsumzug. Ich hatte aber die Hoffnung, dass statt Kamelle mit Bierdosen geworfen wird.

Der Mann am Mikrofon berichtete sehr stolz, das es die größte Parade der letzten 190 Jahren sein wird. Entsprechend gespannt war ich. Als erstes kam das Militär, dann die Veteranen und dann haben sich die einzelnen Vereine des Ortes auf der Parade vorgestellt. Ich kann mir sehr gut vorstellen, dass das die größte Parade der Stadt gewesen ist, denn sie brauchte immerhin anderthalb Stunden. Als Unbeteiligter zog es sich etwas. Diverse Fußballclubs haben sich vorgestellt, Traktorenverein, Tanzgruppen, das Rote Kreuz, Radsportvereine und auch der Radsportverein für blinde Menschen. Und die Sponsoren durften sich während der Parade auch vorstellen, wie zum Beispiel eine Tankstelle, die so mit ihren Benzinpreisen Werbung gemacht hat.

Am 17. März ist der Nationalfeiertag der Iren. Für mich als Deutschen sieht es doch ungewöhnlich aus, wenn eine ganze Nation in ihren Farben gekleidet auf der Straße steht und sich selbst feiert. Das können die Iren, da sind sie nicht so verklemmt wie wir, was aber auch historische Gründe hat. So langsam habe ich auch den Eindruck, dass der St. Patrick's Day entweder in den großen irischen Metropolen eine andere Bedeutung hat oder besonders groß im Ausland gefeiert wird. Hier war es eher ein großes Familienfest. Nach der Parade ging man gemeinsam zum Marktplatz und dort war alles an Kinderspielzeug zu finden, das man aufblasen kann. Vereinzelt hat man in den Pubs Menschen getroffen, die zusammen ein Bier tranken, aber ich hatte nicht den Eindruck, dass die Pubs überfüllt waren.

Ich habe gerne in einem Pub drei Guinness getrunken und versuchte dann wieder ein Taxi zu bekommen. Das war genauso schwierig wie am Vortag, aber die Taxifahrerin vom Vortag hat mir von ihrem Unternehmen eine Visitenkarte gegeben. So konnte ich mir ein Taxi bestellen und darüber war ich stolz. Eigentlich eine Kleinigkeit, aber für mich war das schon großartig, habe ich mir doch wieder vor der Fahrt nach Irland Gedanken gemacht, ob ich mich verständigen kann oder nicht.

Nach wenigen Minuten bin ich von einem Taxifahrer aufgenommen worden. Er war sehr gesprächig und wollte wissen, was ich genau in Irland mache. Während der Fahrt fragte er mich dann, ob wir in Deutschland auch so ein großes Problem mit den Flüchtlingen haben wie die Iren. Eigentlich bin ich auch damit ganz gut gefahren, dass ich mich aus politischen Diskussionen im Urlaub heraus gehalten habe. Denn zum einen habe ich Urlaub, aber ich weiß auch, dass ich mich nicht so gut in einer anderen Sprache verständigen kann. Das ist sonst nicht meine Art, aber dem Taxifahrer habe ich nach dem Mund geredet, um nicht eine unangenehme Unterhaltung führen zu müssen. Aber so lange dauerte die Fahrt zum Hotel nun doch nicht.

Es war später Nachmittag und am Abend wollte ich den Pub von gestern aufsuchen. Zum einen hat er mir gut gefallen, aber es waren auch keine Alternativen im Umkreis für mich zu erreichen. Da ich aber schon drei Guinness getrunken hatte, fand ich es klug, mich kurz ins Bett zu legen.

Abends war ich dann in dem besagten Pub und mein Eindruck vom Nachmittag bestätigte sich. Es war nicht viel los, es wurde Fußball gezeigt und es waren nicht besonders viele Leute da. Nach der Fußballübertragung machten wieder zwei Männer Musik. Vielleicht hat sich das von einem normalen Donnerstagabend unterschieden.

Auf dem Rückweg zum Hotel habe ich mich dann gefragt, was ich eigentlich erwartet habe. Meine Vorstellungen vom St. Patrick's Day waren immer so, dass ich entweder Bilder aus den Metropolen hatte oder selbst in Deutschland in Pubs den Tag begangen habe. Hier in Dundalk habe ich einen ruhigen Familiennachmittag erlebt. Vielleicht war ich einfach auch am falschen Ort und werde in der Zukunft mal die Gelegenheit haben, den St. Patricks Day noch mal in Irland zu erleben.

Eingekleidet für den St. Patrick's Day

Das hat mich wirklich beeindruckt. Ein überdimensionierter Milchautomat.

Impressionen von der Parade zum St. Patrick's Day

Tag 10 - 18. März 2016

Rückreise von Dundalk über Dublin, Kopenhagen und Düsseldorf nach Wuppertal

Abreisetag. Heut hab ich nicht nur das Hotel verlassen, ich musste auch aus Irland abreisen. Nachdem ich aufgestanden bin, habe ich schnell meinen Rucksack gepackt und bin dann noch mal in die 13. Etage des Hotels zum Frühstück gegangen. Anschließend checkte ich aus und bin zur Bushaltestelle gegangen. Hier hatte ich großes Glück, denn der Bus, der zum Flughafen nach Dublin fährt, hat auch in der Nähe vom Hotel angehalten.

Von der Busfahrt habe ich recht wenig mitbekommen. Kaum habe ich mich hingesetzt, bin ich auch direkt eingeschlafen und habe die eine Stunde Fahrzeit tief und fest durchgeschlafen. Ob meine Mitreisende etwas davon gehört haben, kann ich nicht einschätzen.

Am Flughafen in Dublin hatte ich noch recht viel Zeit und wanderte durch die Bereiche. Ich bin auch durch den Einkaufsbereich gelaufen und blieb bei den alkoholischen Getränken stehen. Irischen Whiskey trinke ich auch gerne und habe da ein sehr gutes Angebot gefunden. Eine Flasche wanderte in meine Einkaufstasche. Einige Meter neben dem Whisky stand ein Mann, der diverse Biersorten der O'Hara-Brauerei angeboten hat. Sehr lange haben wir uns unterhalten und er fragte mich, ob ich die Brauerei denn kennen würde, da habe ich ihn von meinem Besuch in Kilkenny von vor einem Jahr erzählt. Während des Gesprächs hatte er mir zwei verschiedene Biere zum Testen angeboten. Er hat seinen Job gut gemacht, ich habe auch etwas Bier von der Brauerei dann eingepackt und gekauft.

Am Flughafen wollte ich aber auch noch ein Abschiedsbier trinken. Ich habe einen Tresen gesehen, der neben den üblichen Biersorten noch eine kleine Auswahl anderer Biere aus dem Fass angeboten hat und bestellte mir ein Indian Pale Ale der Galway Hooker Brauerei. Vielleicht hätte ich doch ein mir bekanntes Bier nehmen sollen, denn bei diesem Bier hatte ich die ganze Zeit den Eindruck, es würde nach Erdnuss schmecken. Definitiv ein Aroma, dass ich nicht mit Hopfen in Verbindung bringe.

Im Flugzeug bin ich auch sehr schnell eingeschlafen, aber vor der Landung in Kopenhagen wurde ich wach und habe aus dem Fenster die wunderbare Öresund-Brücke gesehen. Für mich ist das immer noch ein faszinierendes Bauwerk und ich hatte schon einige Male die Gelegenheit, die Brücke mit dem Zug zu überqueren, denke jedoch, dass es mit dem Auto eine noch größere Freude sein könnte.

In Kopenhagen gelandet habe ich Ausschau gehalten, von wo mein Flieger in Richtung Düsseldorf geht. An einer Anzeigetafel war die Überraschung groß. Mein Flug wurde gestrichen. Am Schalter der Fluggesellschaft konnte ich umgebucht werden auf eine andere Maschine, musste nun jedoch drei Stunden Wartezeit in Kauf nehmen. Als Entschädigung habe ich einen Verzehrgutschein in Höhe von

50 dänischen Kronen erhalten. In Dänemark war ich zwar vor einigen Jahren schon mal im Urlaub, aber ich habe den Umrechnungskurs überhaupt nicht mehr im Kopf. Ich greife schon mal vorweg, die Überraschung war groß.

Aufgrund der Wartezeit, die ich noch vor mir hatte, habe ich mir ein Lokal ausgesucht, in dem ich Platz nehmen konnte. Bestellt habe ich einen Burger mit Pommes und zwei Bier. Das Bier hat mich positiv überrascht, da meine Meinung von dänischem Bier nicht die Beste ist. Von Tuborg gibt es ein Osterbier und das war malzig und richtig lecker. Die Rechnung habe ich mir kommen lassen, der Gutschein wurde verrechnet und ich konnte mit meiner Kreditkarte zahlen. Später zu Hause habe ich mir den Umrechnungskurs mal angesehen und konnte feststellen, dass ich trotz Gutschein immer noch knapp 40 Euro bezahlen musste.

Den Vorteil der Umbuchung hatte ich dann jetzt in der Maschine, in der Dreierreihe, in der ich Platz gefunden habe, saßen Frank und Lukas. Frank kam aus Norwegen, Lukas aus Schweden und ich aus Irland. Wir alle drei waren auf dem Heimweg in Richtung Nordrhein-Westfalen und mussten in Kopenhagen umsteigen. Nach sehr kurzer Zeit hat sich ein angenehmes Gespräch entwickelt und wir sind zum Schluss beim guten Bier hängen geblieben. Lukas konnte uns berichten, dass sein Vater im Sauerland eine kleine Brauerei hat. Der Flug ging leider nur eine Stunde, in dieser Gesellschaft hätte ich mich gerne noch viel länger unterhalten. Eine sehr schöne Zufallsbekanntschaft und sehr angenehme Gesprächspartner.

In Düsseldorf hat mich meine Frau Anja am Flughafen begrüßt und abgeholt. Wir sind dann direkt ins Nudeltöpfchen gefahren, zu unseren Freunden Kurt und Beate, und dort haben wir noch zu Abend gegessen. Im Nudeltöpfchen trinke ich sehr gerne ein dunkles Bier, so konnte ich mich langsam vom Guinness aus Irland entwöhnen. Ein schöner Abschluss bei Kurt und Beate.

Vor meiner letzten Busfahrt.

Mein letztes Bier in Irland.

Nachtrag:

Nun ist es zwei Monate her, dass ich wieder zurück in Wuppertal bin. In meinem Getränkekühlschrank habe ich noch immer zwei Dosen Smithwick's, die ich bestimmt zu einer passenden Gelegenheit trinken werde.

Aber ich denke oft über meine Zeit in Irland und Nordirland nach. Sie ist sehr präsent und ich sehne mich auch wieder zurück: Im Bus zu sitzen und die Landschaft zu bestaunen. Oder am Meer zu stehen. Oder auch wieder im Pub zu sitzen.

Mittlerweile gibt es von Düsseldorf auch Direktflüge nach Cork und ich kann mir vorstellen, dass ich mal für ein Wochenende auf ein Bier bei Franciscan Well nach Irland fliege.

Ich möchte wieder zurück und möchte gerne wieder Irland erleben.

In der ehemaligen inoffiziellen Nationalhymne
„God save Ireland" heißt es im Refrain:

„Gott schütze Irland, sagten die Helden,
Gott schütze Irland!, sagten sie alle."

Stimmt!

Bisher erschienen:

Lothar Santer

„Mein bierisches Tagebuch"

Eine Woche Irland im Zug von Pub zu Pub

ISBN: 978-3-7386-1881-5

Books on Demand

100 Seiten

8,99 EUR (D)